Made in the USA
Monee, IL
28 May 2022

97188602R00063